Für meine Mutter

ISBN 3-933697-36-0
© Edition Riesenrad 2001
1. Auflage
Satz: Olaf Hille
Die englische Originalausgabe erschien unter dem Titel
Marinetta at the Ballet
bei Andersen Press Ltd., London
© 2000 by Elaine Mills
Printed in Italy

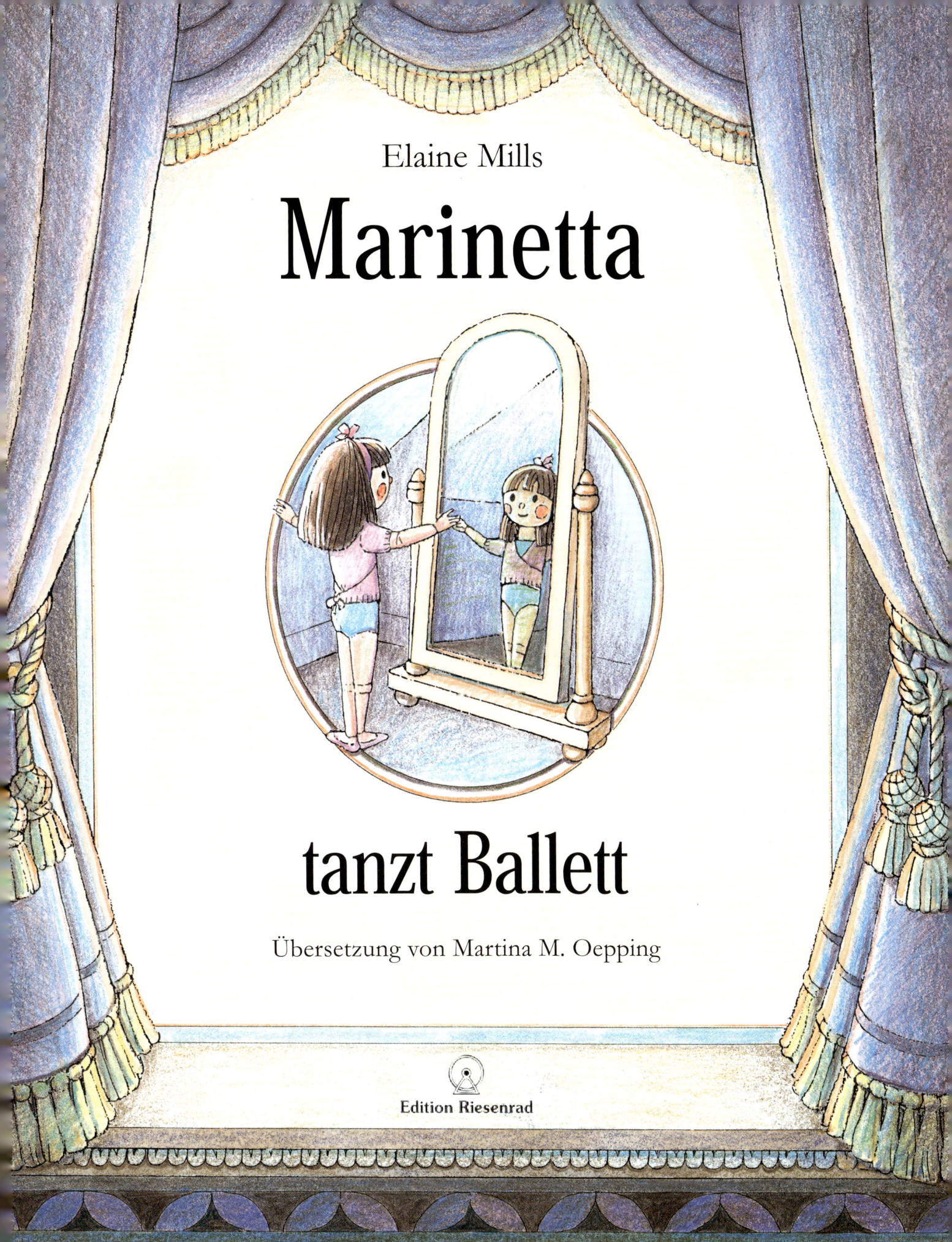

Elaine Mills

Marinetta

tanzt Ballett

Übersetzung von Martina M. Oepping

Edition Riesenrad

Marinetta hatte ein eigenes Zimmer
ganz oben in einem alten Puppenhaus.

Jeden Abend nach dem Abendessen tanzte sie für ihren Onkel Theo, den Bären, und er spielte dazu auf der Geige.

Eines Tages hatte Onkel Theo eine Überraschung für Marinetta.
„Kommt alle mit und zieht eure schönsten Kleider an,
wir gehen ins Ballett." Endlich einmal konnte Marinetta
ihre silbernen Tanzschuhe ausführen.

Als sie in dem alten Puppentheater Platz genommen hatten,
gingen die Lichter aus. Eine wunderschöne Ballerina tanzte auf die Bühne.
„Oh", staunte Marinetta, „wer ist denn das?"
„Das ist Nina, die Primaballerina", flüsterte ihr Onkel Theo ins Ohr.
„Schau, wie schön sie tanzt!"

Die Tänzerin trug ein schwarz-weißes Kleid
und schwang ihre Arme wie die Vögel ihre Flügel.
Sie drehte sich und drehte sich,
ohne nur ein einziges Mal zu stolpern.

„Ich wünschte, ich wäre auch eine Ballerina und könnte
zusammen mit Nina auf der Bühne tanzen", flüsterte Marinetta.
„Wer weiß, vielleicht wird das eines Tages ja geschehen",
antwortete Onkel Theo leise.

Am nächsten Tag brachte ihr Onkel sie zur besten Ballettschule der Stadt. Marinetta folgte der Lehrerin in ein großes Zimmer, in dem die anderen Spielzeugfiguren schon fleißig übten.

„Eins, zwei, drei ...", zählte Madame Pizzicato.
„Und eins, zwei, drei, vier ..."
Alle Schüler tanzten im Takt.

„Und das Ganze noch einmal!", rief Madame Pizzicato. „Ihr müsst üben, üben, üben!" Marinetta gab sich so viel Mühe, wie sie nur konnte.

Tag für Tag wiederholte sie jede einzelne Bewegung vor dem Spiegel.
Das war manchmal ganz schön anstrengend.

Aber schon bald konnte sie sich
wieder und wieder im Kreise drehen,
ohne dass ihr schwindelig wurde.

„Das hast du sehr gut gemacht, meine Kleine",
lobte Madame Pizzicato.
„Du wirst bestimmt mal ein richtiger Star!"

Nach einer Weile kannte Marinetta jeden Schritt ihres geliebten Ballettstückes auswendig. Sie tanzte so gut, dass Onkel Theo ihr zur Belohnung noch einmal Karten für das Puppentheater schenkte.

Marinetta freute sich sehr über dieses Geschenk.
Schließlich war dies die letzte Vorstellung des Stückes,
das sie nun so gut kannte.

Endlich ging der Vorhang auf und Nina, die Primaballerina,
erschien auf der Bühne. Sie sah heute sehr blass aus.
„Meinst du, dass sie sich nicht ganz wohl fühlt?", fragte Marinetta besorgt.
„Psst", flüsterte Onkel Theo, „schau doch, wie elegant sie springen kann!"
„Ich finde sie wunderbar!", wisperte Marinetta.

Doch plötzlich sahen Ninas Bewegungen nicht mehr so schön aus.
Sie wurden langsamer und langsamer ...

Dann sank sie zu Boden. Die Musiker hörten auf zu spielen.
„Was ist denn passiert?", fragte Onkel Theo,
als der Vorhang sich senkte.
„Ich glaube, Nina ist krank!",
sagte Marinetta.

Ein junger Mann trat vor den Vorhang.
„Es tut mir sehr Leid. Wir müssen die Vorstellung abbrechen.
Nina hat eine schlimme Erkältung", erklärte er den Zuschauern.
„Halt! Warten Sie!", rief Marinetta aufgeregt.
„Vielleicht kann ich Ihnen ja helfen!"
Leichtfüßig sprang sie auf die Bühne ...

... und verschwand hinter dem Vorhang.

Als die Musik wieder einsetzte,
erschien Marinetta in einem wunderschönen
weißen Kleid auf der Bühne.
In ihrem Haar glitzerten tausende von Pailletten.
Leicht wie eine Feder
schwebte sie über die Bühne.

Sie tanzte wie eine echte Ballerina.

Onkel Theo war sehr stolz auf seine Marinetta.
Und das Publikum tobte vor Begeisterung.
„Zugabe, Zugabe ...", riefen sie und warfen Blumen
auf die Bühne.

„Hatschie!", nieste die Primaballerina
und musste sich schon wieder ihre Nase putzen.
„Du warst wunderbar, Kleines."

„Komm mich doch nächste Woche einmal besuchen.
Wir müssen unbedingt zusammen tanzen."
Marinetta war so glücklich, dass sie kaum sprechen konnte.
„Wir beide? Zusammen?", flüsterte sie ungläubig.
„Davon habe ich schon immer geträumt!"

So ging Marinettas größter Wunsch in Erfüllung.
Und Onkel Theo spielte auf der Geige.